Mistagogia

A partir do documento da CNBB n. 107

Itinerários

CONHEÇA TAMBÉM:

Núcleo de Catequese Paulinas

Mistagogia

A partir do documento da CNBB n. 107

Dados Internacionais de Catalogação na Publicação (CIP)
(Câmara Brasileira do Livro, SP, Brasil)

Mistagogia a partir do documento da CNBB n. 107 / NUCAP.
-- São Paulo : Paulinas, 2018. -- (Itinerários)

Bibliografia.
ISBN 978-85-356-4402-9

1. Catequese - Igreja Católica 2. Celebração litúrgica 3. Mistagogia - Igreja Católica 4. Ritos de iniciação - Aspectos religiosos - Igreja Católica 5. Sacramentos - Igreja Católica I. NUCAP-Núcleo de Catequese Paulinas. II. Série.

18-14741 CDD-268.82

Índice para catálogo sistemático:

1. Mistagogia : Iniciação cristã :
Igreja Católica : Cristianismo 268.82

Maria Paula C. Riyuzo - Bibliotecária - CRB-8/7639

1ª edição – 2018

2ª reimpressão – 2019

Direção-geral: *Flávia Reginatto*
Editores responsáveis: *Vera Ivanise Bombonatto*
Antonio Francisco Lelo
Copidesque: *Mônica Elaine G. S. da Costa*
Coordenação de revisão: *Marina Mendonça*
Revisão: *Equipe Paulinas*
Gerente de produção: *Felício Calegaro Neto*
Produção de arte: *Tiago Filu*
Imagem de capa: *Marcantonio Franceschini*
Ilustrações: *Gustavo Montebello (p. 31)*
Sergio Ceron (pp. 32 e 46)

Nenhuma parte desta obra poderá ser reproduzida ou transmitida por qualquer forma e/ou quaisquer meios (eletrônico ou mecânico, incluindo fotocópia e gravação) ou arquivada em qualquer sistema de banco de dados sem permissão escrita da Editora. Direitos reservados.

Paulinas
Rua Dona Inácia Uchoa, 62
04110-020 — São Paulo — SP (Brasil)
Tel.: (11) 2125-3500
http://www.paulinas.com.br
editora@paulinas.com.br
Telemarketing e SAC: 0800-7010081
© Pia Sociedade Filhas de São Paulo — São Paulo, 2018

SUMÁRIO

INTRODUÇÃO 7

ITINERÁRIO MISTAGÓGICO 9

Anunciar, celebrar e viver a fé 10

Devoção popular e mistagogia 13

SÍMBOLO 15

Rito 16

Iniciação 17

MISTÉRIO REVELADO 21

Mistério pascal 23

Memorial pascal 25

AÇÃO DO ESPÍRITO SANTO NA IGREJA 29

Ação do Espírito Santo 30

Mistério da Igreja 33

FÉ: A PESSOA ACOLHE O MISTÉRIO 39

QUATRO PASSOS DA MISTAGOGIA 43

1º passo: sentido cotidiano 43

2º passo: memorial bíblico 44

3º passo: sentido litúrgico 47

4º passo: compromisso cristão 48

VIVÊNCIA LITÚRGICA 51

Celebração do lava-pés 53

Celebração da partilha do pão 57

Exercício 58

INTRODUÇÃO

O recente Documento n. 107 da CNBB sobre a *Iniciação à Vida Cristã*[1] propõe vigorosamente a mistagogia como método da catequese estendido como tarefa para toda a comunidade paroquial. Todos precisamos estar focados no mistério do Senhor que se revela na celebração litúrgica da comunidade. Por isso, o documento preconiza uma Igreja mistagógica e materna, capaz de promover o mergulho do catequizando no mistério de Cristo.

Assumir a mistagogia no itinerário da iniciação traz um diferencial para a nossa prática: fazer catequese unida com a liturgia. Isto porque o mesmo mistério de fé anunciado pela catequese é celebrado pela liturgia, sem diferença. Tanto o anúncio como a celebração têm uma única finalidade, levar a pessoa a viver o mistério de fé.

Nestes últimos anos, com a reflexão de *catequese renovada* aprendemos a unir a catequese com a vida, a Bíblia e a comunidade. Agora, chegou a vez de darmos mais um passo, saber unir a catequese com a liturgia. Para alcançar este objetivo teremos de ir além de uma prática cerimonial e devocional muito acentuadas, que precisam ser orientadas para o centro: o mistério pascal.

A catequese mistagógica nos ajudará a focar mais nossa atenção neste dado essencial: morrer com Cristo para o pecado (orgulho, vaidade, consumismo...) e renascer com ele para uma vida nova. Justamente, os sinais (Palavra, luz, vinho, óleo, pão), os gestos (soprar, ficar de pé, sentar, ajoelhar, impor as mãos) e as orações querem nos levar a participar da Páscoa de Cristo.

---

[1] CNBB. *Iniciação à vida cristã*: itinerário para formar discípulos missionários. Brasília: Edições CNBB, 2017. (Documentos da CNBB 107).

O primeiro capítulo mostra como a mistagogia acompanha todo o itinerário da iniciação cristã, incluindo neste a celebração sacramental. O documento não compreende a mistagogia apenas como um tempo específico, mas como iniciação ao mistério de Cristo que se dá nesta ampla relação entre catequese e liturgia.

O segundo capítulo trata do símbolo como experiência que nos leva a participar da realidade divina, além daquilo que nossos sentidos podem controlar. Por isso, o documento recomenda a via simbólica para ser iniciado no mistério.

O terceiro capítulo traz à luz o mistério de Cristo revelado e posto ao nosso alcance cada vez que na liturgia da Igreja fazemos memória da sua encarnação, dos seus gestos salvíficos e de sua Páscoa.

O quarto capítulo evidencia a ação do Espírito Santo que continua no tempo da Igreja os gestos salvadores de Jesus. Por isso, a liturgia torna-se acontecimento de salvação e produz hoje a iniciação ao mistério de Cristo.

O quinto capítulo apresenta o último elemento necessário para se fazer mistagogia: a fé da pessoa. Sem esta adesão, tudo permanece obscuro em razão da liberdade humana que deixará o ato sacramental incompleto.

O sexto capítulo, em forma de resumo do que foi abordado, indica quatro passos para se aproximar do símbolo litúrgico.[2]

O sétimo capítulo propõe um esquema de celebração com um símbolo e o percurso dos quatro passos acima. É um caminho para que o catequista aprofunde, na prática, a relação entre catequese e liturgia.

Esperamos que a leitura desta cartilha fortaleça nossa convicção de que em cada celebração tocamos o mistério, vemos o Senhor e sentimos sua presença pela força do seu Espírito.

---

[2] O Documento n. 107 não apresenta um método específico para se fazer mistagogia. Seguimos o n. 64 da Exortação Apostólica *O sacramento da caridade*, do Papa Bento XVI, para propor a vivência do rito litúrgico.

ITINERÁRIO MISTAGÓGICO

Até meados do século V era comum o Batismo de adultos após um longo período de preparação genericamente chamado de catecumenato. O cume da iniciação dos adultos acontecia na celebração dos três sacramentos – Batismo, Confirmação e Eucaristia – na Vigília Pascal.

Pré-catecumenato	Catecumenato	Purificação	Mistagogia
Anúncio	Discipulado	Preparação próxima aos sacramentos	Experiência sacramental
		Quaresma	Tempo Pascal

O período posterior que continuava no tempo pascal era chamado de tempo da mistagogia. Esta palavra vem do grego *mist*, que indica "mistério, o oculto", e *agagein*, "conduzir, guiar". Refere-se a tudo o que ajuda a conduzir ao mistério (grego: *myo*, "fechar, ocultar"). Mistagogia significa "ser introduzido no mistério", ou seja, no plano salvífico de Deus de salvar o mundo em Cristo (cf. Ef 1,3-13). Os recém-batizados foram introduzidos no mistério de Cristo pelos três sacramentos.

Esse tempo constituía o último da iniciação cristã dos adultos. Partia-se do princípio de que, uma vez iluminados pela fé do Batismo, os *neófitos* (recém-plantados ou plantas novas) achavam-se habilitados a compreender melhor a experiência dos sacramentos vivida por eles. Por isso que, durante todo o tempo de preparação, nada se falava sobre os mistérios contidos nos sacramentos.

As catequeses mais importantes, ditas mistagógicas – que iniciavam o indivíduo no entendimento do mistério da fé que o transformou –, ocorriam na semana de Páscoa. Essas catequeses têm uma forma própria de apresentar o mistério acontecido nos sinais do banho batismal, da unção crismal e da participação na mesa eucarística. Acabam unindo o anúncio da Palavra, com o acontecimento da salvação comemorado naqueles sinais, ao modo de vida esperado dos recém-batizados.

Mais que um tempo específico da iniciação cristã, a mistagogia tornou-se um método de estudo dos sacramentos. Porque os Padres dessa época queriam ajudar os recém-batizados a passarem do pobre sinal visível do sacramento ao mistério de graça do qual são portadores.

Ainda hoje, para os adultos, a Igreja dedica o tempo pascal para o aprofundamento, a inteligência do mistério celebrado nos sacramentos. O ingresso na realidade sacramental, tomada como participação na vida de Cristo, encontrará o seu aperfeiçoamento nesse tempo, o qual é marcado pela participação dos neófitos nas missas próprias aos domingos. Eles irão acorrer junto à comunidade para reforçar seus laços, sentir-se membros participantes.

Anunciar, celebrar e viver a fé

O documento *Iniciação à vida cristã*, nn. 172-175, compreende a mistagogia como o tempo de aprofundamento da experiência sacramental, mas alarga sua compreensão. Podemos dizer que a "mistagogia se refere à dinâmica interior ou à pedagogia com que a própria celebração litúrgica e os seus agentes ajudam a celebrar em profundidade e, depois, a viver o mistério de Cristo".[1]

Além de um tempo próprio de percepção, profunda e direta, do mistério celebrado, o anúncio que acontece na catequese aproximará

---

[1] "Mistagogia", in: ALDAZÁBAL, José. *Vocabulário básico de liturgia*. São Paulo: Paulinas, 2013. p. 228.

mais plenamente o catequizando da realidade de fé e o tornará participante dela. Tal interação entre o anúncio da fé e a celebração da fé acontecerá ao longo de todo o itinerário e deverá levar à conversão a Cristo e culminar na celebração sacramental.

O Documento n. 107 considera a mistagogia como uma "progressiva introdução no mistério pascal de Cristo", na qual desempenham papel importante nesse processo de imersão as celebrações litúrgicas e o aprofundamento dos sacramentos da Iniciação.[2] O n. 97 reitera que a incorporação ao mistério de Cristo "vai se realizando através de vários momentos relevantes do processo catecumenal e prossegue ao longo de toda a vida".

O próprio adjetivo "progressivo", tantas vezes empregado, indica que a iniciação cristã acontece aos poucos, ao longo do itinerário. Os ritos da iniciação vão moldando a personalidade do catequizando, a qual vai sendo sempre mais configurada ao mistério de Cristo. A maturidade torna-se, então, uma resultante do encontro da graça da celebração com a correspondente adesão do candidato.

Ao descobrir novos valores dados pelo anúncio da fé, o candidato entra cada vez mais em comunhão com o mistério pascal, porque é capaz de interiorizá-los, fazê-los seus, a ponto de *ressignificar* sua vida, mudar o modo de ser e de existir no mundo. Então, ele vai protagonizando o trânsito do velho ao novo ser humano, que culminará no Batismo. Assim, como cantamos, o catequizando entra como vaso velho e quebrado na olaria de Deus e sai como vaso novo e renovado.

"A expressão 'Iniciação à Vida Cristã' se refere tanto ao caminho catequético catecumenal de preparação aos sacramentos quanto aos próprios sacramentos que marcam a iniciação e a vida nova que deles nasce";[3] portanto, o documento privilegia tanto o anúncio da Palavra (catequese) quanto o sacramento.

---

[2] Cf. CNBB. *Iniciação à vida cristã*, n. 60.

[3] Ibid., n. 124.

Todo o itinerário é considerado de maneira mistagógica, na medida em que promove o contato direto do catequizando com o mistério revelado em Cristo. Isto acontece pelo desenrolar das catequeses durante os tempos de pré-catecumenato, catecumenato, purificação e mistagogia, e pelas celebrações de passagem e da Palavra, bênçãos, exorcismos, entregas do Creio e do Pai-Nosso e escrutínios. Em consequência, espera-se a conversão progressiva do candidato até culminar no sacramento.

O princípio "*lex orandi lex credendi* (que pode ser entendido: 'oramos como cremos e cremos como oramos') alimenta cotidianamente a vida de fé, em comunidade, para a missão. A este conjunto de experiências de fé e espiritualidade chamamos mistagogia".[4]

A catequese unida à celebração litúrgica nos introduz diretamente no mistério, por isso é chamada de mistagogia, que é o exercício de perceber a comunicação da graça de Deus nos *símbolos celebrados* na liturgia.

> O processo total da Iniciação à Vida Cristã é pensado como uma grande celebração que progride e amadurece através de sucessivas etapas em momentos precisos. Há um marco celebrativo que impregna cada um dos instantes em que o interlocutor avança gradualmente na sua experiência de vida cristã.[5]

A celebração sacramental situa-se no interior do processo catequético, porém não deve ser apresentada como meta final. A sua meta última é iniciar o catequizando na experiência de fé cristã, sem ignorar a importância da recepção dos sacramentos e a riqueza que trazem ao itinerário. Daí o insistente pedido de mudança de vocabulário: não focar na preparação sacramental, que é pontual e carrega

---

[4] Ibid., n.103.
[5] Ibid., n. 104a.

consigo a noção de curso que acaba, e sim na ideia de iniciação para o exercício da vida cristã.

Devoção popular e mistagogia

Podemos avaliar a mudança que implica formar uma Igreja centrada na celebração dos mistérios do Senhor, a qual procura estabelecer um itinerário mistagógico. Vamos nos dar conta de que, se levado a sério, este elemento produzirá uma nova maneira de encarar a formação básica do cristão. Mesmo conhecido, não estamos habituados a ele. Ainda mais se considerarmos a força do componente devocional presente na prática cristã e na pastoral das comunidades, como também a busca social dos sacramentos desconectada da catequese e, por último, a compreensão da liturgia apenas como cerimônia ritual externa.

Lembremos que o catolicismo brasileiro se formou com pouca evangelização e muita devoção, por conta do tamanho das distâncias e pela falta de evangelização e de ministros ordenados. Porém, já é um bom sinal ter devoção a Jesus e conhecer um pouco do seu Evangelho. Esse é o início de um caminho que parte do seu chamado: "Vem e segue-me" (Mt 19,21c).

Daí como celebrar uma liturgia livre do fundamentalismo das curas, das libertações e das graças a todo custo, e do sacramento compreendido apenas como tradição social, tornou-se um desafio para vivermos, alegremente, a fé no Deus salvador de Jesus Cristo, na força do Espírito Santo. Vamos celebrar ao Deus da vida apresentando-lhe nossas necessidades pessoais, nossas lutas e sentimentos. Sabendo, de antemão, que ele nos leva a alcançar o que precisamos no dia a dia e muito mais do que ousamos pedir.

A liturgia ressalta o caminho do discipulado, a transformação contínua do cristão nos mistérios celebrados, a fim de assumir a cruz cotidiana na perspectiva otimista da ressurreição na vida eterna. A liturgia também nos prepara para acolher a vontade de Deus e seguir o seu plano em nossa vida. Isto requer leitura da Palavra e participação na oração da comunidade, especialmente da Eucaristia dominical.

"A educação na fé supõe [...] discernimento na busca de Deus, presente na religiosidade popular, e condução de todas as nossas devoções e práticas religiosas ao Mistério Pascal".[6]

Neste ponto nosso documento remete para outro, o *Comunidade de comunidades*, n. 280:

"É importante valorizar a religiosidade popular como lugar de encontro com Cristo, pois a participação na sagrada liturgia não abarca toda experiência espiritual que se manifesta em diversas devoções e práticas religiosas. A piedade popular, porém, precisa ser impregnada pela Palavra de Deus e conduzida ao centro da vida litúrgica, isto é, à celebração do Mistério Pascal. Especialmente a devoção mariana será uma oportunidade privilegiada para acessar o caminho de seguimento de Jesus."

Vamos partir do vigoroso substrato da fé popular para aprofundar o mistério de Cristo e amadurecer a fé. Também vamos orientar aqueles que buscam os sacramentos em nossas paróquias, oferecendo uma proposta mais completa e coerente de iniciação à vida cristã. "Fica para trás um determinado modelo eclesial, marcado pela segurança da sociedade de cristandade [...] somos chamados a viver algo novo que nasce, por meio do impulso revitalizador do Espírito Santo."[7]

---

[6] Ibid., n. 151.
[7] Ibid., n. 52.

SÍMBOLO

Deus nunca é conhecido diretamente nele mesmo, mas sempre junto com a criação. Nossa admiração se extasia diante da imensidão do universo, do pôr do sol, da grandeza e da força das águas, do furor da tempestade, da beleza de uma flor, da inocência da criança, da mãe que amamenta, do afeto incondicional do animal de estimação...

Por isso, o ser humano se abre para um conhecimento que o ultrapassa. Ele deixa de ser apenas um dado a ser medido e analisado. Não sabemos explicar exatamente a origem destes sentimentos que orbitam nossos limites, sentimentos e afetos. Ao mesmo tempo, eles nos conduzem para horizontes que nos ultrapassam e carecem de sentido. Aqui já percebemos a força do símbolo, que contém sempre algo de inexplicável e absoluto. O símbolo provoca e possibilita a experiência de Deus em nossa vida.

O símbolo concentra em si mesmo a realidade humana e a divina, contendo um pouco de cada uma. E, por sua própria etimologia (*sym-ballo*, "re-unir", pôr junto duas partes de uma mesma coisa que se achavam separadas), apresenta uma qualidade unitiva e estabelece certa identidade afetiva entre a pessoa e uma realidade profunda que não se chega a alcançar de outra maneira.

O símbolo une porque desperta sentimentos, afetos que tornam vivos um acontecimento ou pessoa. Podemos imaginar o íntimo envolvimento de duas pessoas que trocam alianças; o sentimento de quem toca um objeto carregado de lembranças, ou de quem passa no lugar em que sofreu um acidente... "O símbolo aponta para o 'algo mais' que a relação entre dois ou mais indivíduos é capaz de produzir e comunicar, mexe com sentimentos e fortalece compromissos."[1]

O símbolo contém parte daquilo que significa. Não só nos informa, mas também nos faz entrar numa dinâmica própria, introduzindo-nos numa ordem de coisas a que ele mesmo já pertence. A ação simbólica produz, à sua maneira, uma comunicação, uma aproximação. Tem poder de mediação com a pessoa humana e a realidade com a qual se relaciona. "Os símbolos são realidades sensíveis utilizadas para a produção de envolvimento, pessoal e comunitário, com as realidades transcendentes e invisíveis."[2]

Rito

Na liturgia prevalece a linguagem dos símbolos: mais intuitiva e afetiva, mais poética e gratuita. É uma linguagem simbólica que nos permite entrar em contato direto com o mistério da ação de Deus e da presença de Cristo. Para o Documento n. 107, a união entre a catequese e a liturgia é mistagogia e caminho vital de acesso a Deus, pois "a liturgia é lugar privilegiado do encontro com Cristo".[3] "Através do simbólico, pessoas se sentem comprometidas com o mistério profundo das coisas, das pessoas e do próprio Deus."[4]

A liturgia celebra com os símbolos. Assim como as coisas comuns nos envolvem e nos dizem mais do que aparentemente mostram, a liturgia nos ensina a descobrir o mistério de Cristo presente no mundo através de nossos cinco sentidos. Aquilo que os ouvidos ouvem, os olhos veem, as mãos tocam, o olfato sente, o paladar degusta – eis o lugar do nascimento da experiência simbólica.

---

[1] CNBB. *Iniciação à vida cristã*, n. 80.

[2] Ibid., n. 81.

[3] Ibid., n. 74.

[4] Ibid., n. 81.

A catequese, como já ocorria nos primórdios da Igreja, deve tornar-se um caminho que introduza o cristão na vida litúrgica, ou melhor, no mistério de Cristo, "procedendo do visível ao invisível, do sinal ao significado, dos sacramentos aos mistérios",[5] sempre com o mesmo objetivo de levar à vivência da fé. "A liturgia, com seu conjunto de sinais, palavras, ritos, em seus diversos significados, requer da catequese uma iniciação gradativa e perseverante para ser compreendida e vivenciada."[6]

A liturgia dispõe de um determinado conjunto de símbolos para formar o rito, constituído de gestos e palavras que expressam a fé.

"Por sua natureza simbólica, o rito mexe com os sentimentos, envolve a comunidade e se repete fortalecendo o que já foi assumido. Traz uma preciosa experiência do belo, do sublime, do mistério de amor divino que tudo envolve. [...] Símbolos e ritos realizam o encontro com Deus, ajudam a perceber a presença do mistério divino em todas as coisas."[7]

Iniciação

As ciências que estudam as religiões valorizam e ampliam o conceito de iniciação como caminho progressivo com ensinamentos e ritos rumo ao mistério. A partir dos acontecimentos da vida pessoal e comunitária, esses ritos levam os iniciantes a experiências que os tocam profundamente e os impulsionam à transformação religiosa e social.[8]

Você conhece alguém que foi iniciado na maçonaria, na umbanda ou em alguma denominação religiosa? O que percebeu de

---

[5] *Catecismo da Igreja Católica*, n. 1075.

[6] CNBB. *Diretório nacional da catequese*. São Paulo: Paulinas, 2006. n. 120. (Documentos da CNBB, n. 84.)

[7] CNBB. *Iniciação à vida cristã*, n. 82.

[8] Cf. ibid., nn. 78 e 79.

diferente no comportamento dele antes e depois da entrada no grupo? A criança de rua, o pequeno traficante, o adolescente que se prostitui... como foi a iniciação deles?

O conceito de iniciação cristã nos remete à globalidade do processo de se tornar cristão na sociedade. Produz uma real transformação na pessoa, pela qual adquire hábitos, valores e atitudes em consonância com o Evangelho. O iniciado passa a ter uma nova identidade, uma nova forma de viver.

O documento destaca essa amplitude da iniciação que deverá "acolher e iluminar as questões existenciais da vida de cada pessoa" e "enraizar-se no complexo tecido da existência concreta dos interlocutores e de suas realidades sociais",[9] pois neste processo "a pessoa é envolvida inteiramente em todas as esferas e dimensões de sua vida".[10] Tem-se em mira o conjunto de ações que intervêm na formação da nova identidade. Ser iniciado implica uma séria mudança de vida! É questão de opção e não somente tradição familiar ou dever social.

Por isso, torna-se essencial lançar mão da via simbólico-celebrativa para tocar os sentidos, o intelecto, e aumentar a relação com o outro, além de principalmente proporcionar o contato direto com a graça transformadora.

"Os ritos expressam e fortalecem sentimentos e compromissos. Todo esse conjunto de ações simbólicas envolve a pessoa inteira, como indivíduo e como ser social, em seu espírito, em seu corpo, em seus sentimentos, em seu intelecto, em seu ser comunitário."[11]

É preciso ajudar os catequizandos a passarem do significado cotidiano da água para outro superior: "Aquele que beber da água que

---

[9]   Ibid., n. 90.
[10] Ibid., n. 95.
[11] Ibid., n. 104b.

eu lhe der nunca mais terá sede!" (Jo 4,14b); a transpor o significado funcional da luz, como apenas dar um clique e clarear o ambiente, para a luz interior que afasta os temores e orienta o rumo de nossa vida para o essencial, para o sentido pleno de tudo que fazemos. Como disse Dom Helder Camara: "Há gestos que são como um programa de vida: erguer um candeeiro, afastar as trevas, difundir a luz, mostrar o caminho".

Estes símbolos querem nos iniciar no mistério de Jesus Cristo. Temos urgência de tocar o mistério, de nos sentir parte dele, alcançados pela luz de sua graça, e, dessa maneira, sermos transformados em nossa maneira de pensar, de nos relacionar com os outros e de entender a vida. O acesso ao mistério se dá pela experiência de Deus que a pessoa faz em sua vida. "Esse mistério, mais do que um conhecimento intelectual, é uma experiência de vida."[12] "Para entrar nesse mistério não há outro caminho senão o encontro pessoal com Jesus."[13]

Decisivamente, o Documento n. 107 define a mistagogia como iniciação ao mistério de Cristo. Mais que ensinar, o processo para se tornar cristão nos "inicia", ou seja, nos coloca em contato com o mistério de Cristo, a ponto de sermos transformados nele e, consequentemente, modificados essencialmente em nossa maneira de pensar e de agir. Por isso, este documento consagra a mistagogia como essencial a todo o processo da catequese.[14]

---

[12] Ibid., n. 86; cf. n. 83.
[13] Ibid., n. 87.
[14] Cf. ibid., n. 122.

MISTÉRIO REVELADO

O sinal contundente da comunicação do mistério de Deus em nossa história humana é a encarnação de seu Filho. Jesus assumiu a nossa humanidade para que fosse divinizada. Em Jesus, a natureza divina se encontra de maneira perfeita com a natureza humana, formando uma só Pessoa. Jesus é o *sacramento original*, o sinal primeiro de todos os outros sinais da fé. Podemos entender isso lembrando a resposta de Jesus a Filipe, que pedia: "Senhor, mostra-nos o Pai!", ao que ele respondeu: "Quem me viu, viu o Pai" (Jo 14,8-9). Para mostrar ao mundo o seu amor, Deus Pai enviou seu Filho feito homem, visível, palpável, ao alcance de toda pessoa.

Vamos ter presente que Deus quis revelar o seu mistério e nos fazer participantes dele. O hino da *Carta aos Efésios* nos fala da grande manifestação do *mistério* – da decisão inabalável do Pai de salvar o mundo em seu Filho Jesus. Este é o projeto do Pai, portanto, este é o mistério.

"Ele (o Pai) nos fez conhecer o *mistério* de sua vontade, segundo o plano benevolente que formou desde sempre em Cristo, para realizá-lo na plenitude dos tempos: reencabeçar tudo em Cristo. Em Cristo fomos feitos seus herdeiros. Nele recebemos a marca do Espírito Santo prometido, que é a garantia da nossa herança" (Ef 1,9-11b.13b-14a).

Aquele que estava em Deus e era Deus se fez visível, se manifestou em nossa história, fez-se um de nós para ser solidário com o nosso destino. "E a Palavra se fez carne e veio morar entre nós" (Jo 1,14). Esse mistério de Deus é mais que um segredo, uma verdade ou uma doutrina; sobretudo, é o maior acontecimento deste mundo.

O termo "mistério", no Novo Testamento, não indica em primeiro lugar um segredo intelectual, mas a ação salvadora de Deus na história. Antes de ser uma verdade ou uma doutrina, o "mistério" é um acontecimento realizado na história e oferecido como salvação a todos os seres humanos.[1]

O ciclo do Natal/Epifania traz à luz a manifestação que o Senhor nos faz como Filho de Deus. O nascimento de Jesus, através da Virgem Maria, sua revelação aos reis magos, seu primeiro milagre em Caná e o seu batismo no rio Jordão são determinantes para nos fazer também ouvir a voz do Pai, do Espírito e dos anjos, confirmando a chegada do Filho de Deus e o início de um tempo novo de graça e de salvação.

O mistério de Deus revelado em Jesus Cristo é a origem do que também chamamos sacramento. E é próprio do sacramento ir do humano ao divino. O termo "sacramento" vem do latim *sacramentum* (em grego *mystérion*) e serve para indicar um sinal revelador de algo que imediatamente não se vê.

"Tudo o que precisamos conhecer de Deus e seu mistério encontramos na pessoa de Jesus. Nele [...] se faz presente o mistério do Reino de Deus. Ele está a serviço desse Reino. Por sua vida, palavras e ações, por sua doação total na cruz e gloriosa ressurreição, ele revela ao mundo o amor e o projeto de salvação do Pai que ama a todos."[2]

Desde o início de seu ministério público, Jesus realiza sinais indicando que em sua pessoa o Reino se faz presente. Jesus, o Mestre por excelência do Reino, prega não com um ensinamento teórico, mas com a vida. Seu ensinamento promove a vida à medida que promove a dignidade das pessoas, libertando-as de tudo aquilo que diminui sua vida. As ações e palavras do Senhor constituem os sinais salvadores do Reino. Ele cura doentes, abençoa crianças, perdoa pecados,

---

[1] CNBB. *Iniciação à vida cristã*, n. 83.
[2] Ibid., n. 87.

liberta do mal, multiplica pães... Cristo inaugura o Reino dos Céus em sua etapa terrena, sobretudo, por seu mistério pascal. Nós já vivemos a vida nova do Reino de justiça e de paz. Como fermento, o Reino é a nova realidade que permeia a sociedade.

Na sinagoga de Nazaré, ele tomou nas mãos o rolo e proclamou a profecia de Isaías: "O Espírito do Senhor está sobre mim, pois ele me ungiu, para anunciar a Boa-Nova aos pobres: enviou-me para proclamar a libertação aos presos". Depois enrolou o livro, deu-o ao servente e concluiu: "Hoje se cumpriu esta passagem da Escritura que acabastes de ouvir" (Lc 4,18.21).

Com a mesma eficácia, a Palavra de Deus realiza, hoje, aquilo que anuncia como conversão, graça e salvação no coração daqueles que se reúnem em nome do Senhor.

Mistério pascal

Um grande obstáculo para acolher o mistério de Jesus é a cruz. Ele se identifica com o Messias-Servo que se doa livremente, e não como era esperado, com o messias político que viria instaurar o poder de Israel sobre o mundo. O Servo que o profeta Isaías anunciara (cap. 53), levado à morte como um cordeiro, é o Cristo Jesus que se solidariza com o ser humano até o fim. Ele é o sacrifício definitivo e verdadeiro de toda a humanidade: Jesus é o novo cordeiro que tira o pecado do mundo; seu sangue redentor derramado na cruz perdoa todo pecado.

Se as atitudes libertadoras que assumiu em seu ministério já provocavam as autoridades religiosas e despertavam o ciúme de Herodes, o não reconhecimento do Messias-Servo e Filho de Deus foi o motivo central de sua condenação.

Existe uma consequência imediata e necessária do anúncio da paixão para quem deseja acolher o mistério. Já que o Mestre deve ir a Jerusalém para sofrer, então aquele que quiser participar com o Mestre deve negar a si mesmo, tomar sua cruz e segui-lo (cf. Mt 16,24; 10,38-39). Os seus seguidores são convidados a entrar na mesma dinâmica e acompanhá-lo no sofrimento redentor, visando, sem dúvida, participar também de sua glorificação.

Em todos os tempos, compreender a sabedoria da cruz ou a sua loucura, como desfecho de uma vida entregue, é o maior desafio que o discípulo de Jesus vai se deparar. Amar, mas ao preço de suar sangue, escandaliza a quem a princípio se encantou com o chamado e se propôs a viver com ele.

A cruz torna-se o crivo da aceitação corajosa de estar em comunhão com Jesus, a ponto de doar a própria vida, acreditando na vitória, no amor e na Palavra dele, sem fugir do sofrimento, das contrariedades e, sobretudo, da entrega da própria vida em suas mãos.

Encontrarmo-nos com o Senhor, mesmo tendo a perseguição e a cruz diante dos olhos, leva a nos sentirmos atraídos por seu amor que não decepciona nem atraiçoa quem dele experimenta. No caminho de Jesus, a cruz é o desenlace do seu amor sem precedentes, levado até o fim (cf. Jo 13,1).

O Mistério Pascal é central na vida de Jesus e na de todo cristão, pois somos iniciados nele para também vivermos existencialmente a nossa Páscoa. "Ele conduz cada neófito ao encontro profundo com seu mistério pascal e, com isso, ao encontro da sua própria realização como ser humano."[3] Este mistério é constituído de morte para o pecado, de doação, de entrega e dom de si, e do amor levado às últimas consequências. Somente neste caminho o cristão encontra sua realização. Por isso, ser incorporado neste mistério e assumi-lo como próprio é essencial para o cristão.

---

[3] Ibid., n. 125.

Memorial pascal

"A mistagogia é a progressiva participação no mistério da Páscoa."[4] Este é o propósito da iniciação: instaurar a participação direta e eficaz do catequizando neste mistério. Isto é possível pela ação memorial celebrada na liturgia. E, de fato, como isto acontece?

"O Mistério pascal de Cristo, ao contrário, não pode ficar somente no passado, já que pela sua morte destruiu a morte, e tudo o que Cristo é, fez e sofreu por todos os homens participa da eternidade divina, e por isso abraça todos os tempos e nele se mantém permanentemente presente. O evento da cruz e da ressurreição permanece e atrai tudo para a vida."[5]

A liturgia nos faz reviver toda a história da salvação como um encadeamento de fatos conduzidos por Deus e unificados finalmente por ele no mistério pascal de seu Filho. Participamos da Páscoa de Cristo fazendo memória, isto é, lembrando a Deus o sacrifício redentor de Cristo, para que ele nos associe a esse acontecimento e renove a sua graça, por meio do gesto sacramental.

A Palavra é viva e não está aprisionada no passado, mas, ao fazermos memória daqueles fatos na celebração, recordamos a Deus que sua ação salvadora é para sempre, e então nos tornamos contemporâneos daqueles acontecimentos, mesmo que historicamente eles tenham se dado uma única vez. Na última ceia, Jesus mesmo diz: "Fazei isto em memória de mim!" (1Cor 11,25).

A presença do Ressuscitado, por seu lado, já não tem sucessão de tempo: para ele tudo é "hoje", exaltado como está junto a Deus e cheio de seu Espírito. A liturgia não só comemora, mas torna atual essa salvação, de tal modo que a Igreja não receia em afirmar que, pela celebração eucarística, se realiza "a obra de nossa redenção".[6]

---

[4] Ibid., n. 60.
[5] *Catecismo da Igreja Católica*, n. 1085.
[6] Concílio Vaticano II. *Sacrosanctum Concilium*, nn. 2 e 102.

Somos iniciados nos mistérios da vida de Cristo. Mistérios são todos os atos salvíficos protagonizados por Jesus neste mundo, como também os acontecimentos que envolvem a sua pessoa: encarnação, paixão, morte, ressurreição, ascensão... a Igreja faz memória deles e torna-nos seus contemporâneos. Eles nos modificam e atuam em nós ainda hoje, por isso os comemoramos na celebração do Ano Litúrgico.

E, durante o processo de iniciação, o catequizando é envolvido inteiramente neste mistério, em todas as esferas e dimensões de sua vida.[7] "Sendo os sacramentos atos do próprio Cristo na ação ritual da Igreja, é ele quem nos inicia, nos torna cristãos, nos introduz no relacionamento com a Trindade e com o corpo eclesial."[8]

"Na incorporação ao mistério pascal de Cristo, se vive a essência da Iniciação à Vida Cristã: é seu princípio, meio e fim. O interlocutor é conduzido à dinâmica treva-luz, pecado-graça, escravidão--libertação, morte-vida, que vai se realizando através de vários momentos relevantes do processo catecumenal e prossegue ao longo de toda a sua vida."[9]

Jesus travou a luta contra o pecado: injustiça, exclusão, orgulho, domínio do mal... E cada cristão irá travar esta luta. A ritualidade catecumenal já vai expressando esta realidade que culminará no embate final no fundo das águas do banho batismal. Lembremo--nos de que o batismo era por imersão. Esta ritualidade é expressão da luta contra o pecado que empreendemos durante toda a nossa vida, por isso que costumamos dizer: vamos de Páscoa em Páscoa até a Páscoa derradeira.

---

[7] Cf. CNBB. *Iniciação à vida cristã*, nn. 94, 95.
[8] Ibid., n. 125a.
[9] Ibid., n. 97.

Na verdade, a participação do candidato na Páscoa acontece desde o começo do processo: o anúncio na catequese e as celebrações – da Palavra, de passagem, e os exorcismos, unções e entregas – levam aos poucos o candidato a abandonar uma mentalidade egoísta e assumir hábitos cristãos. O processo atinge o máximo quando este mistério é solenemente comemorado na Vigília Pascal; ali, o eleito recebe os sacramentos pascais para ser definitivamente configurado em Cristo.

AÇÃO DO ESPÍRITO SANTO NA IGREJA

O Espírito Santo atualiza os mistérios da vida de Cristo em cada celebração litúrgica, pois "A Palavra de Deus é viva e eficaz" (Hb 4,12). O que possibilita, hoje, a liturgia proclamar palavras criadoras que realizam o que dizem: "Levanta-te [...] e anda" (Jo 5,8); "Teus pecados te são perdoados" (Mc 2,9). Como para o filho da viúva da cidade de Naim: "Jovem, eu te digo, levanta-te" (Lc 7,14), o mesmo disse à filha de Jairo (Mc 5,41).

"Para que a Palavra de Deus realmente produza nos corações aquilo que se escuta com os ouvidos, requer-se a ação do Espírito Santo, por cuja inspiração e ajuda a Palavra de Deus se converte no fundamento da ação litúrgica e em norma e ajuda de toda a vida.

Assim, pois, a atuação do Espírito Santo não só precede, acompanha e segue toda a ação litúrgica, mas também sugere ao coração de cada um tudo aquilo que, na proclamação da Palavra de Deus, foi dito para toda a comunidade dos fiéis; e, ao mesmo tempo em que consolida a unidade de todos, fomenta também a diversidade de carismas e a multiplicidade de atuações."[1]

Tal como Jesus e pela força da Palavra criadora, tomamos as pessoas pela mão e lhes dizemos na celebração: "Eu quero, sê curado", "recebe o Espírito Santo", "o que Deus uniu, o homem não separe", "a paz esteja convosco". "O Evangelho está cheio de cegos, de surdos, de mudos. Eles sofrem terrivelmente a solidão. Não conseguem se comunicar. Jesus toca nesses irmãos marginalizados e diz: 'Efatá',

---

[1] *Elenco das leituras da missa*, n. 9.

que quer dizer: 'Abre-te' (Mc 7,34). Ele continua também hoje a gritar o seu 'Efatá' a tanta gente que não enxerga, não ouve, não fala. E muitas vezes não enxerga a beleza de Deus, não ouve a Palavra de Deus, não fala a língua de Deus."[2]

Podemos encontrar tantas outras palavras de ordem de Jesus e, ainda hoje, concluir juntamente com os seus contemporâneos: "Um grande profeta surgiu entre nós, e Deus veio visitar o seu povo" (Lc 7,16).

Ação do Espírito Santo

O Espírito continua a missão de Cristo. "No primeiro dia da semana, os discípulos estavam reunidos. Jesus entrou e pôs-se no meio deles. Disse: 'A paz esteja convosco'. Então, soprou sobre eles e falou: 'Recebei o Espírito Santo'" (Jo 20,19.22).

Jesus, ressuscitado, não nos deixou órfãos, porque enviou o Espírito como penhor de sua volta para o Pai. Ele, o Filho de Deus, o derrama sem medidas sobre a humanidade, porque o possui em plenitude: "Eu vi o Espírito descer do céu, como pomba e permanecer sobre ele" (Jo 1,32); "O Espírito do Senhor está sobre mim, pois ele me ungiu" (Lc 4,18; cf. Is 61,1).

"A realidade nova e inesperada à qual a iniciação cristã introduz é o mistério de Cristo Jesus em sua paixão, morte, ressurreição, ascensão, envio do Espírito Santo e retorno glorioso."[3] Páscoa e Pentecostes estão estreitamente unidos, requerem-se mutuamente e formam unidade, pois, "para levar à plenitude os mistérios pascais, derramastes, hoje, o Espírito Santo prometido" (Prefácio da solenidade de Pentecostes).

---

[2] MASI, Nic. *Cativados por Cristo*: catequese com adultos. São Paulo: Paulinas, 2010. p. 70.
[3] CNBB. *Iniciação à vida cristã*, n. 88a.

"No primeiro dia da semana, os discípulos estavam reunidos. Jesus entrou e pôs-se no meio deles. Disse: 'A paz esteja convosco'. Então, soprou sobre eles e falou: 'Recebei o Espírito Santo'" (Jo 20,19.22).

"O mistério de Cristo, entre a ascensão e a parusia, é constituído pela missão do Espírito que o Senhor glorioso envia do Pai sobre a sua comunidade."[4] O Espírito Santo anima o Corpo de Cristo, a Igreja, para continuar no mundo a missão de Cristo. Cabe a nós, movidos pela força do Espírito Santo, permanecer com o Senhor para participar do mistério de sua pessoa. No processo de iniciação cristã: "A presença do Espírito se realiza através de três formas fundamentais [...]: é *precursor* (vem antes, impulsiona); é *acompanhante* (está presente em cada momento, dando 'olhos para ver e ouvidos para ouvir' o mistério de Deus); é *continuador* (leva para diante, aperfeiçoando progressivamente a identidade plena do discípulo de Cristo)".[5]

---

[4] Ibid., n. 88b.
[5] Ibid., n. 100.

A salvação que *os sacramentos* comunicam é obra do Espírito. Ele é o "artífice das obras-primas de Deus, que são os sacramentos". É ele quem nos prepara para receber Cristo, quem traz continuamente à memória dos crentes o que Cristo ensinou, e quem atualiza o seu mistério salvador da Páscoa.

Para reconhecer o mistério de Deus se realizando nos sinais empregados pela liturgia é fundamental invocar o Espírito Santo em oração de epiclese[6] – sobre a água, os óleos, o pão e o vinho, os ordenandos, os doentes, os noivos –, a fim de dar eficácia a todos os sacramentos. Invocando a força do Espírito nos sacramentos, com o gesto da imposição de mãos, reconhecemos que é Deus quem salva e que o protagonismo é da ação do seu Espírito santificador.

O Espírito Santo atualiza, por seu poder transformador, o mistério de Cristo. Por isso, invocamos sua presença durante as celebrações.

---

[6] É a invocação que se eleva a Deus para que envie o seu Espírito Santo e transforme as coisas ou as pessoas. Vem do grego *epi-kaleo* ("chamar sobre'); em latim, *in-vocare*.

Ele, como o fogo, transforma em vida divina tudo o que se submete a seu poder: habita nas celebrações, nos sacramentos, enchendo-os de graça e fazendo deles acontecimentos salvadores.

No Batismo, o ser humano é regenerado "pela água e pelo Espírito". Na Confirmação, ele é recebido como o melhor dom do Senhor Ressuscitado. Na Eucaristia, é invocado para que transforme primeiro o pão e o vinho e, depois, a própria comunidade no Corpo de Cristo.

"A finalidade da missão do Espírito em toda a ação litúrgica é pôr em comunhão com Cristo para formar o seu Corpo", e "que vivamos da vida de Cristo ressuscitado". Por isso, pode-se resumir dizendo que "a liturgia torna-se a obra comum do Espírito Santo e da Igreja".[7]

O *Ritual da Iniciação Cristã de Adultos* (RICA) atribui à ação do Espírito Santo a concreta realização do itinerário de maturação integral da fé. A conversão e a configuração em Cristo têm relação com a ação do Espírito Santo, considerado como aquele que torna o candidato disponível para acolher o anúncio e assimilar pessoalmente o Evangelho.[8] A ação do Espírito na iniciação cristã "é graça benevolente e transformadora que nos precede e nos cumula com os dons divinos do Pai, em Cristo, pelo Espírito".[9] O candidato deverá pôr em ação o seu coração, sua inteligência e sua maneira de viver.

Mistério da Igreja

A Igreja é uma comunidade de graça e de salvação na qual está presente o Senhor glorificado, exercendo seu senhorio e seu poder salvador. Ela une o visível e o invisível, o humano e o divino, o institucional e a graça. Sua missão é servir ao anúncio de Jesus Cristo

---

[7] *Catecismo da Igreja Católica*, n. 1091.
[8] RICA 1, 4, 9.
[9] CNBB. *Iniciação à vida cristã*, n. 91.

que, ressuscitado, comunica esta vitória a toda a criação (cf. Mt 28,16-20).

"O mesmo e único Espírito guia e fortalece a Igreja no anúncio da Palavra, na celebração da fé e no serviço da caridade, até que o Corpo de Cristo alcance a estatura de sua Cabeça (cf. Ef 4,15-16). Desse modo, pela presença eficaz de seu Espírito, Deus assegura até a parusia (segunda vinda de Cristo) sua proposta de vida."[10]

Desde quando Cristo deixou de estar presente de forma visível entre nós, "tudo o que havia de visível em nosso Redentor passou para os sacramentos",[11] como afirma São Leão Magno. "Eu te encontro em teus sacramentos",[12] diz Santo Ambrósio a Cristo.

Ele entregou-nos sua força, seu Espírito, pelo qual nos faz capazes de agir como filhas e filhos amados de Deus Pai, realizando e continuando com ele sua ação libertadora e redentora a serviço da vida abundante para todos, até que seu Reino se estabeleça definitivamente. Por isso, a Igreja continua curando os doentes, saciando a fome, expulsando o mal, abençoando as pessoas, perdoando os pecados, enviando apóstolos...

O diálogo de amizade do divino com o humano se expressa por "ritos e preces", por meio de sinais que precisam ser decodificados. É a sinergia ou ação conjunta de todo o Corpo unido à sua Cabeça. É a Igreja que cuida, sara, reconcilia, alimenta, abençoa seus membros para que todos sejam um em Cristo, e ela mesma tal como uma noiva que se prepara para as bodas com o Cordeiro. O Ressuscitado e seu Espírito Santo agem em conjunto, conduzindo o fiel para os braços do Pai.

---

[10] *Documento de Aparecida*, n. 151.
[11] LEÃO MAGNO. Segundo sermão na Ascensão do Senhor; PL 54, 398. In: *Sermões*. São Paulo: Paulus, 1996. p. 174. *Patrística* 6.
[12] AMBRÓSIO DE MILÃO. *Apol. Prophet.* David, 5, 8; PL 14, 916.

"Na iniciação cristã apresenta-se o mistério da Igreja, comunidade que, pela ação do Espírito, vive e revela a presença do Ressuscitado no mundo. A Igreja, mediante sinais, celebra e manifesta a vida do Ressuscitado, da qual é portadora. Enquanto "mistério de Cristo", a Igreja é uma realidade "sacramental" que depende essencialmente do Senhor glorioso e da ação do Espírito que ele derramou. A graça que se realiza nas suas ações sacramentais é um acontecimento transbordante da Páscoa do seu Senhor."[13]

A celebração litúrgica acontece no tempo atual da Igreja; nela confluem o *passado* (memória do acontecimento fundante da Páscoa), o *presente* (a graça do Espírito é sempre atual e derramada em profusão) e o *futuro* (pois celebramos o que já é realidade plena na Jerusalém celeste junto ao trono do Cordeiro).

O Ano Litúrgico é um contínuo "hoje", pois a salvação é sempre atual e está à nossa mão. Por isso, é comum ouvirmos expressões que mostram essa atualidade: "Celebramos a noite santa em que a Virgem Maria deu ao mundo o Salvador" (Oração Eucarística I); "Revelastes, hoje, o mistério de vosso Filho como luz para iluminar todos os povos" (Prefácio da Epifania); "Hoje, nas águas do rio Jordão, revelais o novo Batismo" (Prefácio: O Batismo do Cristo no Jordão).

A consequência mais exata e surpreendente é que, objetivamente, *Deus atua e nos fala eficazmente na celebração*. O acontecimento pascal rememorado, a Palavra proclamada que o atualiza e a certeza da plenitude da glória eterna se superpõem e, portanto, quando rezamos em comunidade, o tempo se encolhe e se estica numa só vibração, nos deixando com uma única certeza: *Deus habita este lugar! Ele nos escuta e continua a agir em nosso favor*. Aquele que era e será age agora.

---

[13] CNBB. *Iniciação à vida cristã*, n. 89.

Por isso, fazemos memória dos acontecimentos da história da salvação que culminam em Jesus Cristo, pois "A mistagogia é uma progressiva introdução no mistério pascal de Cristo, vivido na experiência comunitária".[14] Na tradição da Igreja, a iniciação cristã é tarefa de toda a comunidade: é o seio da Igreja que gera a fé. Por isso, os bispos afirmam: "O itinerário catecumenal educa para a vida de fé na comunidade, alimenta-a e renova-a. A comunidade é ajudada pelo itinerário catecumenal para crescer na fé e, ao mesmo tempo, exerce a 'função maternal' de gerar novos filhos".[15]

Qual novo útero, a fonte batismal gera os novos filhos de Deus. A Igreja nutre seus filhos com o Pão da vida eterna e os encaminha pela vida. "A ação do Espírito Santo faz, por meio da Iniciação à Vida Cristã, com que a Igreja se torne Mãe, geradora de filhos e filhas que, à medida que vão sendo inseridos no mistério de Cristo, se tornam, ao mesmo tempo, crentes, profetas, servidores e testemunhas."[16] "Uma Igreja mistagógica e materna volta o seu olhar para Maria [...] para aprender dela como ser próxima, carinhosa, solícita e presente em todas as ocasiões."[17]

O modelo da iniciação cristã dos adultos confere grande destaque ao protagonismo da comunidade. *Afinal, o objetivo da iniciação é gerar o Corpo de Cristo, que é a própria comunidade cristã.* Cada membro, ao ser batizado, constitui parte integrante do Corpo de Cristo; ao ser confirmado, ficará mais perfeitamente configurado nesse Corpo e, ao receber a comunhão, constituirá um só Corpo, a Igreja. Por isso a Eucaristia – Corpo de Cristo – coroa a iniciação. Toda relação com Cristo acontece por meio dela e da pertença a ela. Mais que entrar na Igreja, o crente é *acolhido* por ela.[18]

---

[14] Ibid., n. 60.
[15] Ibid., n. 111.
[16] Ibid., n. 112.
[17] Ibid., n. 113.
[18] Cf. ibid., n. 105.

Os sacramentos da Iniciação

A mistagogia quer nos revelar como os sinais sacramentais nos colocam em contato direto com Jesus Cristo, pois, por meio destes sinais, "é Ele quem nos inicia, nos torna cristãos, nos introduz no relacionamento com a Trindade e com o corpo eclesial".[19]

Perceber a ação conjunta dos três sacramentos em um só movimento, para inserir a pessoa no mistério pascal de Cristo, nos leva a compreender a Iniciação à Vida Cristã de maneira muito diferente.

Ao batizar o adulto na Vigília Pascal, também se celebrava sua Crisma e ele participava pela primeira vez da mesa eucarística. Essa tradição da Igreja mostra que "a identidade pascal estabelece a relação entre eles (os três sacramentos) e a especificidade de cada um".[20] "A origem dessa relação, entre os sacramentos da Iniciação à Vida Cristã, está fundada [...] na única economia divina, pois tal conexão exprime a unidade do mistério pascal cumprida pela missão do Filho e consumada pela efusão do Espírito Santo."[21]

"Os três sacramentos da iniciação, em uma unidade indissolúvel, expressam a unidade da obra trinitária na iniciação cristã: no Batismo assumimos a condição de filhos do Pai, a Crisma nos unge com unção do Espírito e a Eucaristia nos alimenta com o próprio Cristo, o Filho."[22]

O Batismo e a Confirmação realizam em uma celebração a configuração no Mistério da Páscoa, marcando a pessoa com um selo, de forma definitiva. Como aperfeiçoamento e prolongamento do Batismo, a Confirmação faz com que os batizados avancem pelo caminho da iniciação cristã e pelo dom do Espírito, que capacita o indivíduo a viver as exigências do caminho pascal. Iremos viver da

---

[19] Ibid., n. 125.
[20] Ibid., n. 129.
[21] Ibid.
[22] Ibid., n. 91.

graça recebida desses dois sacramentos. "A graça da fé e a conversão pessoal ao seguimento de Jesus pertencem a uma dinâmica que percorre toda a nossa vida."[23]

O ideal da vida cristã consiste em ser em plenitude o que já se é pelo Batismo: "Exorto-vos a levardes uma vida digna da vocação que recebestes" (Ef 4,1). O Batismo deve encontrar seu prolongamento na vida; aliás, a vida cristã consiste em aprofundar sempre mais a graça do Batismo: a beleza da graça batismal exige crescimento, tarefa que nos ocupa durante a existência toda.

Uma vez configurados no mistério pascal de Cristo, este é rememorado no sacrifício da Eucaristia, para que o fiel se associe a este sacrifício, oferecendo a cada dia a sua vida. A nossa resposta de fé de adesão à graça de filiação será aperfeiçoada a cada participação no banquete eucarístico, quando ofereceremos nosso sacrifício espiritual unido ao sacrifício de Cristo. O culto espiritual exercido no dia a dia é tecido pelo nosso trabalho, pela vivência das bem-aventuranças com dignidade e testemunho. "Assim, a *Eucaristia* [...] realiza plenamente o que os dois outros sacramentos anunciam."[24]

A incorporação ao mistério pascal de Cristo por meio dos três sacramentos, que resulta na participação na natureza divina e na vida nova, constituirá a essência e o coração da Iniciação à Vida Cristã.[25]

---

[23] Ibid., n. 99; cf. também n. 102.
[24] Ibid, n. 132.
[25] Cf. ibid., nn. 96-97.

FÉ: A PESSOA ACOLHE O MISTÉRIO

Para o mergulho no mistério de Cristo ser completo, a iniciativa divina deverá encontrar eco no coração humano. "A Iniciação à Vida Cristã requer a *decisão livre da pessoa*. Pela obediência da fé a pessoa se entrega inteira e livremente a Deus e lhe oferece a adesão total de sua inteligência e vontade."[1] Deus respeita nossa liberdade.

A salvação é um acontecimento que faz parte da nossa história. Nós não a vemos, mas a temos viva e atuante. Sintonizamo-nos com ela por meio da fé. "A Iniciação à Vida Cristã é a participação humana no diálogo da salvação [...] o iniciando começa a caminhada para Deus, que irrompe em sua vida, dialoga e caminha com ele."[2] Assim como Deus se comunicou por sinais e acontecimentos em sua Palavra revelada, da mesma forma ele continua a se revelar para nós. Esse diálogo supõe a liberdade que nasce da aliança entre as duas partes envolvidas: Deus e o ser humano.

O encontro da graça preveniente de Deus com a resposta afirmativa do ser humano estabelece a aliança ou o pacto. "O acolhimento do *mistério* da pessoa de Jesus exige a participação, fiel e responsável, na vida e missão da comunidade eclesial, fazendo escolhas éticas coerentes com a fé cristã."[3]

Os sentidos captam somente a figura exterior dos mistérios – o banho d'água, a unção com óleo, o banquete eucarístico –, porém

---

[1] Ibid., n. 95.
[2] Ibid., n. 96.
[3] Ibid., n. 84.

o decisivo é a graça. Efetivamente, o rito visto somente de fora não oferece automaticamente o significado de que é portador. Esse significado deve ser descoberto, revelado pela Palavra, pela catequese. Mais ainda, deve ser professado pela fé. A fé move as pessoas pela estrada que conduz ao mistério de Deus.

A fé veio ao nosso encontro quando fomos batizados e a recebemos de maneira infusa e gratuita, sem mérito nenhum de nossa parte. Compreendemos que ter fé significa entrar na órbita da revelação do projeto de Deus, levado a efeito por seu Filho Jesus Cristo. A fé é, então, um acontecimento que concerne à pessoa toda e lhe permite entrar no universo da aliança com Deus: é um encontro pessoal e comunitário com Jesus Cristo, reconhecido como Deus que vem, salva e reúne.

O Senhor se dá a conhecer espiritualmente através dos sinais sacramentais, que somente são reconhecidos mediante a fé. Diz-nos Santo Ambrósio, bispo de Milão no século IV: "A nós, porém, na plenitude da Igreja, importa compreender a verdade. Já não por um sinal, mas pela fé".[4] Ele considera a sublimidade da fé, que conduz à eternidade, mais importante do que todas as realidades existentes: "Tu que deves a fé ao Cristo guarda esta fé, muito mais preciosa que o dinheiro. De fato, a fé equivale a um patrimônio eterno".[5]

Ter fé é decisivo para acolher a graça que os sacramentos oferecem. A luz da fé faz enxergar a ação salvadora de Deus. Assim, o simples banho batismal que comporta ser coberto pelas águas, como um sepulcro, passa a ser a imagem da morte e ressurreição de Jesus. "Se fomos identificados com ele por sua morte, seremos semelhantes a ele também pela ressurreição" (Rm 6,5).

---

[4] AMBRÓSIO DE MILÃO. *Os sacramentos e os mistérios*: iniciação cristã nos primórdios. ARNS, P. E. (introdução e tradução); AGNELO, G. M. (comentários). Petrópolis: Vozes, 1972. (Fontes da Catequese 5); *Os sacramentos*, 2,15.

[5] Id., *Os sacramentos*, 1,8.

Santo Ambrósio não hesita em afirmar que o eleito, ao entrar no batistério, não vê apenas a água; é convidado a meditar a ação do Espírito: sobre a água na criação do mundo; no dilúvio, quando a pomba retorna com o ramo de oliveira; ou mesmo no mar Vermelho, quando o Espírito foi enviado e o perseguidor foi tragado pelas águas. Assim, não há por que deixar de acreditar que o sacramento opera além daquilo que os sentidos apresentam. "Não dês fé unicamente aos olhos de teu corpo. Melhor se vê o que é invisível. O primeiro é temporal, enquanto o invisível é eterno. Melhor se enxerga o que não se abarca com os olhos, mas se divisa pelo espírito e pela alma."[6] A condição humana marcada pelo pecado possibilita ver, com os olhos da carne, somente o que é temporal.

---

[6] Id., *Os mistérios*, n. 15.

QUATRO PASSOS DA MISTAGOGIA

O que viemos tratando, vamos procurar resumir em quatro passos para construir o significado do símbolo. Este vai se concretizando à medida que agregamos o sentido de cada passo com aquilo que ele mostra imediatamente aos nossos sentidos, até chegar ao seu significado final, que só alcançamos com a fé. Os simples sinais do banho, da crismação, do pão e do vinho na mesa... tornam-se símbolos carregados da graça transformadora do Espírito que gera a vida nova, prenúncio da plenitude da Jerusalém Celeste.

1º passo: sentido cotidiano

Vamos começar pelo sentido comum que o sinal possui na cultura atual. É mais natural partir daquilo que conhecemos para acrescentarmos outros significados ao gesto. Por exemplo: uso do óleo na sociedade; o que produz a falta ou o excesso de água.

Cremos que os símbolos fundamentais da liturgia: água, luz, pão, sopro... constituem uma reserva de mistério que sempre questionará o ser humano e aguçará sua capacidade transcendente de explorar o mundo. Eis a chance que a liturgia dispõe para abrir caminhos de fé e de esperança.

Por isso, é preciso criar uma nova mentalidade de relacionamento com o símbolo. Por exemplo, contemplar o mistério da luz de um círio que se destaca na escuridão da noite; admirar a Palavra criadora que tem o poder de fazer surgir a beleza da natureza ou intervir nas situações mais inusitadas da vida humana...

2º passo: memorial bíblico

O segundo elemento necessário para se fazer mistagogia é proporcionar o contato da Palavra de Deus com os sinais, a fim de revelar o que eles protagonizaram na história da salvação e como hoje eles continuam eficazes na celebração. Trata-se, primeiramente, de interpretar os ritos com seus símbolos à luz dos acontecimentos salvíficos. Os sacramentos se situam na linha das grandes obras de Deus nos dois testamentos, com seu cumprimento em Cristo. Os sacramentos perpetuam hoje, no tempo da Igreja, as maravilhas de Deus que perpassam a História Sagrada.

A proclamação da Palavra faz o povo sentir-se, hoje, continuador da história da salvação e considerar Abraão, Isaac, Jacó e Moisés como seus antepassados na fé. O que estes anunciaram se realizou na pessoa de Jesus Cristo.

O Antigo e o Novo Testamentos são uma só unidade de amor, tendo como centro Jesus Cristo e seu mistério pascal. Santo Agostinho dá sentido à consideração de o Antigo Testamento constituir o ponto de partida para o Novo. A obra sacramental faz parte dessa relação: Antigo e Novo Testamento, cujo fio condutor é o Espírito Santo que garante o protagonismo da Trindade, a qual realiza uma única história de salvação.[1]

Com a ajuda de textos bíblicos, deve-se apresentar a realidade que os elementos e os gestos possuem segundo a história da salvação. Como eles se apresentam no Antigo Testamento e como recebem sua plenitude de significado na pessoa de Jesus Cristo. Podemos dizer que essa interação entre tipos bíblicos e mistério cristão, entre promessa e cumprimento, é o coração do memorial que se realiza na celebração litúrgica. Acompanhemos o relato da bênção da água batismal:

---

[1] Cf. *Catecismo da Igreja Católica*, n. 1094.

Nas próprias águas do dilúvio, prefigurastes o nascimento da nova humanidade, de modo que a mesma água sepultasse os vícios e fizesse nascer a santidade.

Concedestes aos filhos de Abraão atravessar o mar Vermelho a pé enxuto para que, livres da escravidão, prefigurassem o povo nascido na água do Batismo.

Vosso Filho, ao ser batizado nas águas do Jordão, foi ungido pelo Espírito Santo.

Pendente da cruz, do seu coração aberto pela lança, fez correr sangue e água.

Após sua ressurreição, ordenou aos apóstolos: "Ide, fazei meus discípulos todos os povos,

e batizai-os em nome do Pai, e do Filho, e do Espírito Santo".[2]

O memorial da história da salvação se orienta para demonstrar como o elemento material, neste caso a água, é revelador da salvação e, ao mesmo tempo, continuador desta graça divina. Sejamos diretos e convictos em anunciar a Palavra que opera hoje a salvação de Deus em nosso meio em favor daquele que a acolhe.

Palavra e sacramento

É pedido ao catequista ajudar o catequizando a perceber como a Palavra anunciada se realiza no rito celebrado. Uma vez que é próprio da ação da Igreja unir a Palavra com o símbolo, pois é justamente isto que faz o sacramento: a união da Palavra com o elemento.

A unidade entre a Palavra e o sacramento leva o catequista a perceber que se trata sempre do mesmo movimento da Palavra: uma vez anunciada, agora se torna realidade de salvação, ao ser ritualmente celebrada. *O sacramento é a Palavra visível, resultante da união da Palavra com o elemento.* Este pode ser um gesto (por exemplo: a imposição de mãos) ou algo material como o pão e o vinho. Na celebração eucarística, Cristo nos alimenta com sua Palavra e

---
[2] RICA, n. 258.

seu Corpo. A Igreja sempre tomou e distribuiu aos fiéis o pão da vida, quer da mesa da Palavra de Deus, quer da mesa do Corpo de Cristo. E essas duas mesas acabam formando uma única mesa.³

A celebração litúrgica une a Palavra ao gesto ou elemento. Assim, um pequeno gesto se transluz e se torna magnífico, porque cumpre a profecia da Palavra em nosso tempo como graça transformadora e efetiva do Espírito Santo na vida do cristão.

Toda celebração litúrgica – as bênçãos, os sacramentos e a Liturgia das Horas – contempla leituras bíblicas ou uma completa liturgia da Palavra. Na Crisma, após a celebração da Palavra, o bispo diz: "Recebe, por este sinal, o Espírito Santo, Dom de Deus". A graça que o sacramento proporciona é fruto da promessa proclamada anteriormente na Palavra.

Os caminheiros de Emaús, após andarem com o Mestre, constataram: "Não estava ardendo o nosso coração quando ele nos falava pelo caminho e nos explicava as Escrituras?" (Lc 24,32). "Lembrem-se os fiéis de que a presença de Cristo é uma só, tanto na Palavra de Deus, 'pois é Ele mesmo que fala quando se leem as Sagradas Escrituras na igreja', como 'especialmente sob as espécies eucarísticas".⁴

---

³ CONCÍLIO VATICANO II. Constituição Dogmática *Dei Verbum*, n. 21.
⁴ *Elenco das leituras da missa*, n. 46. Cf. também *Instrução Geral sobre o Missal Romano*, n. 29.

Na celebração da missa, Cristo se dá a nós primeiro como Palavra salvadora antes de alimento eucarístico. Da mesa da Palavra vamos à mesa da Eucaristia. "A missa consta, por assim dizer, de duas partes, a saber, a liturgia da Palavra e a liturgia eucarística, tão intimamente unidas entre si que constituem um só ato de culto".[5] Ambas existem para ensinar e alimentar os fiéis e formam uma só mesa. A Palavra de Deus, lida e anunciada na liturgia pela Igreja, conduz à Eucaristia como a seu fim conatural. Por isso, "a Palavra de Deus e o mistério eucarístico foram honrados pela Igreja com a mesma veneração, embora com diferente culto".[6]

A Palavra, portanto, adquire seu sentido pleno quando ressoa na Igreja como mensagem de salvação de Deus a seu Povo. Pressupõe uma comunidade que na fé acolhe, interpreta, responde e vive; e também requer a presença do Espírito da verdade para compreendê-la em sua plenitude.

3º passo: sentido litúrgico

A encíclica *O sacramento da caridade* assinala este passo: "Há de preocupar-se *por introduzir no sentido dos sinais contidos nos ritos*; essa tarefa é urgente numa época acentuadamente tecnológica como a atual, que corre o risco de perder a capacidade de perceber os sinais e os símbolos. Mais do que informar, a catequese mistagógica deverá despertar e educar a sensibilidade dos fiéis para a linguagem dos sinais e dos gestos que, unidos à palavra, constituem o rito."[7]

De posse do sentido bíblico e ao ser empregado na celebração litúrgica, este elemento ou gesto se coloca, hoje, em continuidade com aquele dos tempos bíblicos. Daí que este passo consiste em revelar

---

[5] *Instrução Geral sobre o Missal Romano*, n. 28.
[6] *Elenco das leituras da missa*, n. 10.
[7] BENTO XVI. *Sacramento da caridade*, n. 64.

o significado e o efeito que esses símbolos realizam na celebração litúrgica.

Faz parte da recordação memorial invocar o Espírito Santo sobre o sinal celebrado. É a chamada "epiclese", que vimos no capítulo anterior. Todo sacramento conta com uma epiclese. A ação litúrgica é eficaz porque quem atua é o Espírito Santo (e não o ministro). Dessa forma, a Palavra se torna visível por meio de gestos e de sinais que cumprem objetiva e eficazmente as promessas que ela anuncia para aqueles que celebram. Por exemplo, depois de fazer memória da água como instrumento de salvação, a oração da bênção invoca a ação do Espírito Santo e enumera os efeitos de graça que essa água proporciona naqueles que nela se banharem: "Que o Espírito Santo dê por essa água a graça de Cristo, a fim de que homem e mulher, criados à vossa imagem, sejam lavados da antiga culpa pelo Batismo e renasçam pela água e pelo Espírito Santo para uma vida nova!".

Na Crisma, após a celebração da Palavra, o bispo impõe a mão sobre os crismandos, gesto específico de invocação do Espírito Santo, e depois unge com as palavras: "Recebe, por este sinal, o Espírito Santo, Dom de Deus". A liturgia celebra a salvação hoje, produzindo, neste caso, a graça da configuração mais perfeita em Cristo.

4º passo: compromisso cristão

Nada mais estranho ao espírito do cristianismo primitivo que uma concepção mágica da ação sacramental. A conversão sincera e total é condição indispensável para a recepção do sacramento. "Vivemos em um estado contínuo de conversão, de missão e de compromisso com o Senhor, seu Plano Salvífico e sua Igreja."[8]

---

[8] CNBB. *Iniciação à vida cristã*, n. 135.

Ainda o mesmo número citado da Exortação *O sacramento da caridade* diz: "Mostrar *o significado dos ritos para a vida cristã* em todas as suas dimensões: trabalho e compromisso, pensamentos e afetos, atividade e repouso. Deve-se ligar *os mistérios da vida de Cristo celebrados no rito com a responsabilidade missionária dos fiéis*; nesse sentido, o fruto maduro da mistagogia é a consciência de que a própria vida vai sendo progressivamente transformada pelos mistérios celebrados".

VIVÊNCIA LITÚRGICA

É necessário ajudar o catequizando a entrar no *universo simbólico* em que se move a liturgia. Não se trata de explicar, mas de colocar o objeto ou a ação simbólica num determinado contexto humano, bíblico e celebrativo, de modo que possa apreender e viver o seu significado.

O catequista irá fazer vivências celebrativas para conhecer o que significam os ritos sacramentais, qual a sua finalidade ou, ainda, como eles nos colocam diretamente em contato com o mistério de Deus. Esta prática deixará a catequese mais orante, bíblica e simbólica. As propostas celebrativas com os símbolos da liturgia visam a uma educação contínua e progressiva, até alcançar a plena adesão ao mistério celebrado.

Ajudar o catequizando a fazer a experiência dos símbolos e gestos celebrados faz parte de uma educação que o leva a experimentar os sinais tão simples e tão humanos da liturgia não apenas como elementos deste mundo, mas, aos olhos da fé, também como realidades divinas que realizam o que significam.

A linguagem mistagógica é sacramental, ou seja, ela é eficaz e transformadora. A liturgia não é teatro, mas acontecimento de salvação. Ao celebrar, nosso modo de falar apresenta a realização do mistério. Nada mais impreciso do que nos referir aos mistérios com expressões como: "este símbolo parece que, lembra, representa...". Nossa linguagem deverá ser direta, performativa e convicta, pois Deus atua cumprindo suas promessas contidas em sua mesma Palavra, por exemplo: "Quem se alimenta com a minha carne e bebe o meu sangue tem a vida eterna, e eu o ressuscitarei no último dia" (Jo 6,54). Não há por que vacilar. É Deus quem age.

Trata-se de celebrações que não têm um tom meramente didático, mas de algum modo já são cultuais; orações que tornam fácil a passagem à verdadeira celebração litúrgica. Ao preparar uma vivência litúrgica para um grupo, podemos imaginar a criatividade de um catequista dispondo apenas do texto da Palavra e do símbolo que quer celebrar, por exemplo: a luz (círio), cântaro com água ou um pedaço de pão.

Muitas vezes será necessário dedicar um encontro inteiro para realizar a vivência no grupo. Mais que celebrar o rito às pressas, o importante é não queimar etapas para que o objetivo de sensibilização e de nova visão do símbolo seja alcançado.

A Igreja espera contar, hoje, com catequistas que, além de estarem capacitados para o serviço da catequese, sejam capazes de evangelizar de tal forma que conduzam de fato o seu catequizando ao encontro com Jesus, vivo e ressuscitado: é esta a tarefa do *catequista mistagogo*. O catequista é capaz de celebrar e viver a riqueza dos sacramentos na vida e entender os seus sinais na celebração. Assim, ele vive do mistério e é capaz de conduzir outros ao mistério.

"Na tradição mais antiga da Igreja, o caminho formativo do cristão [...] assumia sempre um caráter de experiência, em que era determinante o encontro vivo e persuasivo com Cristo anunciado por autênticas testemunhas. Nesse sentido, quem introduz nos mistérios é primariamente a testemunha; depois, esse encontro aprofunda-se na catequese e encontra a sua fonte e ápice na celebração eucarística."[1]

O catequista mistagogo faz a experiência de Deus, professa a fé no cotidiano e discerne a experiência de fé de seus catequizandos nos sinais que revelam a presença de Deus nos acontecimentos da vida, na história da salvação e, maximamente, nos ritos celebrados na liturgia.

---

[1] BENTO XVI. Exortação apostólica pós-sinodal *Sacramentum Caritatis*: sobre a Eucaristia, fonte e ápice da vida e da missão da Igreja. São Paulo: Paulinas, 2007. n. 64.

Se você, catequista, não tem a prática de conduzir uma celebração ou oração comunitária, não precisa temer ou sentir-se inseguro, porque que se trata do mesmo movimento da Palavra. A informalidade do grupo, como também o pequeno número de participantes facilitarão sua desenvoltura e o clima familiar da celebração.

Como desenvolver pequenas celebrações com finalidade mistagógica? As etapas da celebração a seguir ajudam a atingir este objetivo.[2] O importante é saber articular os elementos analisados nos capítulos anteriores. Há que tomar um símbolo e interpretá-lo à luz da Palavra de Deus que lhe diga respeito. Ter presente que o Espírito Santo continua atualizando os gestos salvadores de Jesus. Por último, tudo adquire sentido quando os participantes se comprometem com o gesto salvador de Deus. Note que se estabelece uma coerência entre o gesto feito com o símbolo, sua relação com a leitura proclamada e a consequente adesão dos participantes.

Celebração do lava-pés

Cremos que o catequizando, ao vivenciar ritualmente os símbolos mais frequentes na liturgia no pequeno grupo, liderado pelo testemunho do catequista, descobrirá a vitalidade do rito como experiência atual da graça do Senhor que vem ao seu encontro. Por exemplo, a celebração do lava-pés no pequeno grupo de catequese tem como finalidade o aprofundamento experiencial do sentido do rito, que ganhará todas as luzes na grande celebração comunitária em seu tempo próprio: a Quinta-feira Santa.

1º momento: estudo e roteiro

Inicialmente, o catequista estuda os quatro sentidos do símbolo escolhido; neste caso, o lava-pés.

---

[2] Conferir mais amplamente o tema: NUCAP. *Mistagogia*: do visível ao invisível. São Paulo: Paulinas, 2013.

- *Sentido cotidiano:* lavar os pés de uma pessoa é sinal de serviço, de humildade, de caridade.

- *Memorial bíblico:* Em João 13,1-17, às vésperas da Páscoa, durante uma ceia, Jesus levantou-se, depôs o manto e lavou os pés dos apóstolos. Pedro não entende o gesto de Jesus. Recusa-se a ver no Mestre a imagem do Servo, preconizado no Livro de Isaías. "Tu não me lavarás os pés nunca!" (v. 8). Antes, quando Jesus anunciou a sua paixão, ele já tinha se recusado a aceitar os sofrimentos de Cristo na cruz. Era-lhe muito mais própria a mentalidade de um Messias forte, poderoso e capaz de libertar o povo de toda opressão. Novamente, Jesus revela o seu messianismo como serviço que se cumprirá plenamente na sua morte na cruz.

- *Sentido litúrgico:* O tríduo pascal no qual se comemora a paixão, morte e ressurreição do Senhor tem início na véspera da Sexta-feira Santa. A Cruz, que será o centro da Sexta-feira Santa, tem início com o gesto da lavação dos pés na missa da noite da Quinta-feira Santa. O Evangelho de João substitui o relato da ceia pela cena do lava-pés. O gesto de lavar os pés, o sacrifício da cruz e o sacramento memorial desse sacrifício – a Eucaristia – têm em comum o serviço humilde de amor e entrega pela humanidade e querem, por fim, antecipar o mistério da Páscoa. É uma "parábola sacramental" sobre a maneira como, na Cruz, vai ser despojado e irá perder até a própria vida pelos demais.

- *Compromisso cristão:* Jesus entende sua vida e sua missão como serviço de amor à humanidade. Toda a maneira de viver de Jesus mostra que a felicidade do ser humano não consiste em grandeza e poderio; muito pelo contrário, as bem-aventuranças que proclamou e a simplicidade de sua vida mostram um caminho bem diferente, mesmo quando os discípulos disputavam sobre quem seria o maior dentre eles. Jesus disse com clareza: "O maior entre vós seja como o mais novo, e o que manda, como quem está servindo.

Eu estou no meio de vós como aquele que serve" (Lc 22,26.27b). Somente é possível entender o lava-pés no seguimento de Jesus considerando as atitudes dele em favor dos mais fracos da sociedade, sem nunca afirmar-se com poder.

De posse destes sentidos, o catequista irá redigir o roteiro de uma pequena celebração, cujo centro será a proclamação da Palavra adequada ao sentido e à vivência do lava-pés. Esta celebração poderá contemplar:

- *rito inicial:* acolhida em nome da Trindade; pedido de perdão; oração;
- *liturgia da Palavra:* proclamação do texto bíblico; homilia interativa na qual se comenta o sentido usual do símbolo, o sentido bíblico e sua aplicação ritual;
- *rito com aplicação do símbolo:* com prece dos fiéis e comentário sobre o compromisso gerado por aquele símbolo;
- *bênção final:* de acordo com o símbolo, esta sequência poderá ser diferente; trata-se de uma sugestão.

2º momento: preparar o ambiente e celebrar

Preparando o ambiente

É preciso organizar um ambiente bonito, aconchegante, de acordo com o gesto a ser celebrado; um local em que as pessoas, de preferência em círculo, possam olhar-se umas às outras e criar uma comunidade de irmãos que se querem bem e que aproveitem estar ali.

Para isso, escolher uma toalha de mesa, arrumar cadeiras, bacia, jarro com água e toalhas para o lava-pés. Se possível, providenciar pão e vinho suficientes para todos partilharem no final.

Também, distribuir as tarefas, como: encarregar alguém de providenciar o material necessário; definir quem irá proclamar as leituras, proferir as preces etc.

E, por fim, demonstrar segurança de conduzir a celebração, uma vez que entendeu o objetivo e cada um dos passos da celebração. Recomenda-se que a celebração transcorra num clima familiar e orante.

Celebrando com o grupo o que foi planejado

Todos permanecem em silêncio. Em tom familiar, iniciar a celebração com o canto de um mantra ou com outro adequado. Prosseguir com o rito inicial.

Proclamar a Palavra. Comentar o sentido usual do símbolo e dar o passo seguinte: mostrar o sentido bíblico e como as promessas bíblicas se cumprem no rito litúrgico. Deve-se unir a Proclamação da Palavra com o sinal escolhido. Mostrar a ligação entre pão e vinho consagrados (corpo e sangue de Jesus), morte na cruz e serviço aos irmãos, como componentes de uma única realidade salvífica.

Sempre perguntar, escutar e valorizar as intervenções dos participantes. "Por que esse gesto faz parte da celebração da Quinta-feira Santa, quando celebramos a instituição da Eucaristia? Que atitudes Jesus propõe para quem quer ser seu discípulo?"

Realizando o gesto litúrgico

Se os pais estiverem presentes, pode-se pedir que lavem os pés dos filhos e vice-versa, como também que um catequizando lave os pés do outro, colocando em prática o mandato de Jesus.

O encontro da Palavra com o símbolo se desdobrará em súplica, louvor ou pedido de perdão.

Nos diálogos transcorridos durante a celebração, naturalmente sobressairá o compromisso vital que nasce entre a ação divina e a resposta de adesão de nossa parte.

Celebração da partilha do pão

Todos se colocam ao redor de uma mesa, enfeitada com toalha, flores, vela e pão.

Motivar o grupo a tratar sobre o sentido do pão em nossa vida, no dia a dia.

Canto: A mesa tão grande e vazia de amor e de paz...

Acolhida: Pode ser feita espontaneamente pelo catequista ou por um dos participantes.

Catequista: Invoca a Santíssima Trindade ou canta-se: "Nas horas de Deus, amém!".

Leitor: Proclama 1Cor 11,23-29.

Catequista: Conduz a meditação, de forma que todos os participantes tenham voz e vez para se expressar, e convida os participantes a fazerem preces. Em seguida, pede que se coloquem ao redor da mesa, estendam as mãos sobre o pão e rezem espontaneamente uma prece de ação de graças. Pode-se concluir rezando: "Do mesmo modo como este pão partido tinha sido semeado sobre as colinas, e depois recolhido para se tornar um, assim também a tua Igreja seja reunida desde os confins da terra no teu Reino, porque tua é a glória e o poder, por meio de Jesus Cristo, para sempre".[3]

Em seguida, todos dão as mãos e rezam o Pai-Nosso.

Canto de paz: Enquanto cantam, todos se cumprimentam desejando a paz.

Catequista: Após um momento de silêncio, orienta para que um a um retire um pedaço de pão, coma-o e silenciosamente e retorne ao seu lugar.

Canto eucarístico: À escolha.

---

[3] DIDAQUÉ. *O catecismo dos primeiros cristãos para as comunidades de hoje.* São Paulo: Paulus, 1989. p. 21.

Catequista: Convida cada um a expressar sua experiência com esse gesto, lembrando de todos que não têm pão, daqueles que têm e não partilham, de nós mesmos que comungamos mas não testemunhamos com a vida. Em seguida, finaliza com a bênção de despedida.

Canto: "É missão de todos nós". Este canto tem a finalidade de exortar para o compromisso cristão de ir e partilhar a vida, o pão e o serviço em favor do outro.

Exercício

Seguindo os passos anteriores, e lançando mão dos símbolos litúrgicos, o catequista poderá recriar vários tipos de celebrações. Apresentamos mais dois símbolos para aguçar a criatividade.

1. Cruz

O crucifixo pode ser coberto com um pano vermelho como na Sexta-Feira Santa, e as pessoas serem convidadas a beijá-lo.

Sentido cotidiano: A cruz é o símbolo do sofrimento. Cada um é chamado a carregar sua cruz resultante das contradições humanas. A Sexta-Feira Santa, em que se comemora a morte do Senhor, tornou-se o dia mais observado pelo povo, pois junto ao Crucificado encontramos solidariedade para os nossos sofrimentos. É costume arraigado afastar o mal benzendo e traçando sobre si o sinal da cruz ou empunhando o crucifixo.

Memorial bíblico: Mt 16,24; Mt 27,32-44; Jo 19,28-37.

Jesus anuncia sua morte na cruz, pois a chegada do Reino em sua pessoa contrariava fundamentalmente a lógica dos poderosos deste mundo. O ódio do mundo e a força das trevas passam a persegui-lo e a tramar sua máxima condenação. Assim, Jesus consome o seu sacrifício na cruz. Esta é a resposta às suas bem-aventuranças.

Ali onde triunfam as forças do mal, o Pai responde resgatando seu Filho da morte. Portanto, a cruz é sinal de vitória sobre o mal e a morte, já que o túmulo foi encontrado vazio e, depois, o Ressuscitado se reuniu com os discípulos. Assim, a cruz tornou-se sinal de vida, coragem e resistência daqueles que optaram por Jesus e seu Reino.

Sentido litúrgico: Na celebração de entrada dos adultos para o catecumenato,[4] o RICA, nn. 83-87, estabelece a entrada no catecumenato com a assinalação da fronte, dos ouvidos, dos olhos, dos lábios, do coração e dos ombros do adulto; sinal do amor de Deus e força para o seguimento. Também é dada a bênção com o sinal da cruz sobre toda a assembleia.

A assinalação da fronte e dos sentidos é a resposta da Igreja ao pedido de fé, pois a cruz de Cristo é o sinal concreto do amor de Deus e a força para o seguimento. Pelo sinal da cruz vitoriosa sobre o pecado o candidato deverá entregar sua vida a cada dia e confiar em sua sabedoria.

Pode-se entregar a cruz para ser beijada, ou oferecer o crucifixo com cordão.

Compromisso cristão: Como discípulos, sentimo-nos impelidos a continuar a missão do servo sofredor, sem medo, dispostos a entregar a vida pela salvação dos irmãos e das irmãs. "Quem quiser ser meu discípulo, renuncie a si mesmo, tome a sua cruz cada dia, e siga-me" (cf. Lc 9,23).

As atitudes de entrega, oblação, justiça, solidariedade, respeito etc. indicam se, de fato, abraçamos a cruz de Cristo, isto é, se vivemos

---

[4] Cf. RICA, nn. 6a, 14-18, 42, 50, 65.2-5, 66.2, 68-97, 370-372.

radicalmente o amor. Aceitar a cruz de Cristo implica assumir sua prática cidadã de defesa do bem comum, de fazer do próximo um irmão, de querer para o outro o que se quer para si, de perdoar sempre, enfim, de servir até a doação total de si.

2. Óleo

Pode-se usar o azeite de oliva ou de andiroba para ungir os pulsos.

Sentido cotidiano: O óleo da oliveira era usado como nutrição e remédio; passando-o sobre os ferimentos, preservava o corpo de uma infecção. Havia também o costume de untar o corpo dos atletas e dos lutadores para torná-los mais ágeis e para dificultar que o adversário pudesse agarrá-los. O óleo amacia, fortifica, nutre e purifica as pessoas antes e depois do banho.

Memorial bíblico: 1Sm 10,1; 1Sm 16,1-13.

Em Israel, a unção era um rito sagrado. Ungiam-se os sacerdotes, os profetas (cf. 1Rs 19,16), os reis (cf. 1Sm 16,13), a Tenda (cf. Ex 30,25ss).

Jesus é chamado Messias e Cristo, palavras que significam "ungido", isto é, consagrado como eterno rei e sacerdote. "Depois de ser batizado, Jesus saiu logo da água, e o céu se abriu. E ele viu o Espírito de Deus descer, como uma pomba, e vir sobre ele. E do céu veio uma voz que dizia: 'Este é o meu Filho amado; nele está o meu agrado'" (Mt 3,16-17).

Jesus não é ungido por mãos humanas, mas diretamente pelo Pai; é manifestado como Filho. O Espírito Santo vem sobre ele e nele se cumpre a profecia: ser o Servo de Javé que atrairá sobre si as dores do povo, conforme Isaías 42,1. Assim, eleição, unção e missão andam juntas.

Sentido litúrgico: Símbolo do Espírito Santo que unge ou consagra os cristãos para lutarem contra o mal e que os envia para anunciarem o Reino de Cristo.

1) A unção com o chamado *óleo dos catecúmenos* é realizada no peito e em outras partes do corpo, antes do banho batismal. Essa unção evidencia a força divina que deverá tomar conta inteiramente do candidato, preparando-o para a luta. Deverá aderir a Cristo na fé e lutar com Satanás no fundo das águas.

2) A liturgia apresenta o óleo como portador da salvação de Deus à comunidade. Com a nova consagração pelo Crisma, realiza-se um fortalecimento, um robustecimento, uma intensificação, uma plenitude da Graça para o crismado viver a maturidade da fé.

Compromisso cristão: a condição do batizado em contínua luta ao longo de toda a vida cristã contra a mentalidade oposta à de Cristo. Os discípulos são investidos de poder, que os capacita e orienta para anunciarem a Boa-Nova e cumprirem o ministério iniciado por Cristo durante sua missão terrena (At 1,8).

ENSINO
A DISTÂNCIA
com a qualidade Paulinas

Mistagogia

O conteúdo deste livro está disponível no formato de
Ensino a Distância (EAD).

Acesse e conheça:
www.paulinascursos.com